# Entwurf zur Konstruktion einer Zahnradstufe

**Bibliografische Information der Deutschen Nationalbibliothek:**

Die Deutsche Nationalbibliothek verzeichnet diese Publikation in der Deutschen Nationalbibliografie; detaillierte bibliografische Daten sind im Internet über http://dnb.d-nb.de abrufbar.

ISBN: 9783346501400
Dieses Buch ist auch als E-Book erhältlich.

# Hausarbeit im Studienfach

# Konstruktion

Thema: **Entwurf einer Zahnradstufe**

# 1. Inhalt

# 2. Verzeichnis für Formelzeichen und Abkürzungen

| Mba | Biegemomentausschlag |
|---|---|
| Mbmax | maximales Biegemoment |
| mn | Normalmodul |
| Mt | Drehmoment |
| Mteq | äquivalentes Moment |
| n | Drehzahl |
| nA | Ausgangsdrehzahl |
| nE | Eingangsdrehzahl |
| P | Leistung; Äquivalentlast |
| p | Flächenpressung |
| pertr | übertragbare Flächenpressung |
| pzul | zulässige Flächenpressung |
| r | Radius |
| Re | Streckgrenze |
| Rm | Mindestzugfestigkeit |
| S | Sicherheitsfaktor |
| SD | Sicherheit gegen Dauerbruch |
| SF | Sicherheit gegen Verformung, Anriss, Gewaltbruch |
| SFmin | Mindestsicherheitsfaktor |
| t1 | Wellenutentiefe |
| t2 | Nabennuttiefe |
| X | Radialfaktor |
| x1+x2 | Summe der Profiverschiebungsfaktoren |
| Y | Axialfaktor |
| z | Zähnezahl |
| αA | Lagerneigung Lager A |
| αB | Lagerneigung Lager B |
| αzul | zulässige Lagerneigung |
| Δi | Abweichung des Übersetzungsverhältnisses |
| κ | Spannungsverhältnis |
| σba | Biegespannungsausschlag |
| σbAD | ertragbarer Spannungsausschlag |
| σbADK | dauerhaft ertragbarer Spannungsausschlag für Spannung |
| σbFK | Fließgrenze des Bauteils bei Zug, Druck, Biegung |
| σbmax | maximale Biegespannung |
| σbW | Wechselfestigkeit |
| σbWK | dauerhaft ertragbare Spannungsausschläge |
| tt | Torsionsspannung |
| tta | Torsionsspannungsausschlag |
| ttADK | dauerhaft ertragbarer Spannungsausschlag für Torsion |
| tTfk | Fließgrenze des Bauteils bei Torsion |
| ttmax | maximale Torsionsspannung |
| ttW | Wechselfestigkeit für Torsion |
| ttzul | zulässige Torsionsspannung |

# 3. Entwurfsberechnung

Aus der Aufgabenstellung und der Versions-Nummer 0 sind folgende Ausgangswerte für den Entwurf der Zahnradstufe gegeben:

Nennleistung P = 20 kW

Eingangsdrehzahl $n_E$ = 1500 U/min

Ausgangsdrehzahl $n_A$ = 480 U/min

Betriebsfaktor $c_B$ = 1,25

## 3.1 Entwurfsberechnung für die Gestaltung der Wellen

Für das Drehmoment $M_t$ wird die Formel

$$M_t = 9550 \times \frac{P}{n} \qquad \text{(SB 4, Formel 1.1)}$$

mit $M_t$ in Nm, P in kW und n in U/min verwendet.

Unter Berücksichtigung der Ausgangswerte und des Betriebsfaktors ergeben sich für die Drehmomente folgende Werte:

Antriebswelle:

$$M_{t1} = 9550 \times \frac{20\,\text{kW}}{1500\,\text{U/min}} \times 1,25 = 159,16\ Nm$$

Abtriebswelle:

$$M_{t2} = 9550 \times \frac{20\,\text{kW}}{480\,\text{U/min}} \times 1,25 = 497,39\ Nm$$

Über die berechneten Drehmomente kann nun der Durchmesser der zwei Wellen über die Formel

$$d \approx \sqrt[3]{\frac{16 \times M_t}{\pi \times \tau_{tzul}}} \qquad \text{(SB 4, Formel 1.2)}$$

dimensioniert werden.

Da der Betriebsfaktor $c_B$ bei der Bestimmung der Drehmomente berücksichtigt wurde, muss dieser bei der Bestimmung des Durchmessers nicht noch einmal mit eingerechnet werden. $\tau_{tzul}$ wird mit einem Wert von 15 N/mm² angenommen(SB 4, Seite 13).

Antriebswelle:

$$d \approx \sqrt[3]{\frac{16 \times M_t}{\pi \times \tau_{zul}}} = \sqrt[3]{\frac{16 \times 159160 \, Nmm}{\pi \times \frac{15N}{mm^2}}} = 37,81mm$$

Abtriebswelle:

$$d \approx \sqrt[3]{\frac{16 \times M_t}{\pi \times \tau_{zul}}} = \sqrt[3]{\frac{16 \times 497390 \, Nmm}{\pi \times \frac{15N}{mm^2}}} = 55,28mm$$

Anhand der berechneten Durchmesser habe ich mich für folgende Durchmesser entschieden:

**Antriebswelle = Ø 40mm**

**Abtriebswelle = Ø 60mm**

## 3.2 Entwurfsberechnung für die Gestaltung der Zahnräder

Das Modul wird über die Formel

$$m_n \approx \sqrt[3]{\frac{10^4 \times K_A \times M_{t1} \times \cos^2 \beta}{z'_1^2 \times (b/d_1) \times \sigma_{Flim}}} \qquad \text{(SB. 6, Formel 4.2)}$$

mit $M_{t1}$ in Nm, $\sigma_{Flim}$ in N/mm² und m sowie b in mm berechnet.

Für die Berechnung werden folgende Werte eingesetzt.

$K_A = c_B = 1,25$    wurde bei der Berechnung von $M_{t1}$ berücksichtigt und muss in der Formel nicht aufgeführt werden

$\beta = 0°$    Gradverzahnung

$z'_1 = 18$    Angenommener Wert für Entwurf (SB. 6; Seite 35)

$b/d_1 = 0,6$    Angenommener Wert für Entwurf (SB. 6; Seite 35)

$\sigma_{Flim} = 310$    Zahnradwerkstoff ist Einsatzstahl, einsatzgehärtet mit 58...60HRC. Nach SB 9, Tabelle 2.10.2 gewählt)

Eingesetzt ergeben die Werte ein Modul von

$$m_n \approx \sqrt[3]{\frac{10^4 \times 159{,}16Nm \times \cos^2 0°}{18^2 \times 0{,}6 \times \frac{310N}{mm^2}}} \approx 2{,}978 \to gewählt\ m_n = 3$$

Im nächsten Schritt muss der Mindestfußkreisdurchmesser bestimmt werden. Hierfür wird die Formel

$$d_{f1} \geq d_{sh1} + 2(t_2 + 2{,}5m_n) \qquad\qquad \text{(SB. 6, Formel 4.4)}$$

Um $d_{sh1}$ zu bestimmen habe ich mir mit Hilfe der Aufgabenstellung und den darin enthaltenen Hinweisen eine Skizze angefertigt(Anhang 1). Mit Hilfe dieser Skizze habe ich für den Entwurf der Welle für $d_{sh1}$ einen Durchmesser von 55mm angenommen. Nach DIN 6885 wird für einen Durchmesser von 55mm ein Passfederquerschnitt von 16x10 vorgeschrieben. Die Nabennuttiefe nach DIN 6885 beträgt für diese Passfeder $t_2 = 4{,}3$mm. Eingesetzt in die Formel ergibt sich für den Mindestfußkreisdurchmesser

$$d_{f1} \geq 55mm + 2(4{,}3mm + 2{,}5 \times 3) \geq 78{,}6mm$$

Anhand des Mindestfußkreisdurchmessers lässt sich nun die Mindestzähnezahl ermitteln.

$$z_1 \geq \frac{d_{f1} + 2 \times 1{,}25 \times m_n}{m_n} \geq \frac{78{,}6mm + 2 \times 1{,}25 \times 3}{3} \geq 28{,}7 \qquad \text{(SB. 6, Formel 4.5)}$$

Anhand der berechneten Mindestzähnezahl habe ich für $z_1 = 29$ Zähne gewählt. Über die gewünschte Ausgangsdrehzahl und der gegebenen Eingangsdrehzahl lässt sich das Übersetzungsverhältnis $i_{soll}$ und darüber die Zähnezahl des zweiten Zahnrades ermitteln.

$$i_{soll} = \frac{n_E}{n_A} = \frac{1500\ U/min}{480\ U/min} = 3{,}125 \qquad\qquad \text{(SB. 6, Formel 1.1)}$$

$$z_2 \approx i_{soll} \times z_1 \approx 3{,}125 \times 29 \approx 90{,}625 \qquad \text{(SB. 6, Formel 4.6)}$$

Aufgrund der Vorgabe einer möglichst kleinen Bauweise habe ich für $z_2$ = 90 Zähne gewählt.

**Berechnung des Nullachsabstands**

$$a_d = \frac{d_1+d_2}{2} = m \times \frac{z_1+z_2}{2}$$ (SB. 6, Formel 2.9)

$$a_d = m \times \frac{z_1+z_2}{2} = 3 \times \frac{29+90}{2} = 178,5mm$$

Nach der genormten Tabelle auf dem Arbeitsblatt 2.10.7 im Studienbrief 9, kommen für diesen Wert die Achsabstände 160mm oder 180mm in Betracht. Ich habe mich für den Achsabstand 180mm entschieden und mit diesem die Profilverschiebung der Zahnräder berechnet.

**Berechnung der Profilverschiebung**

Folgende Formeln und Werte wurden für eine bessere Übersicht in eine Tabellenform gebracht

$$m_n = 3$$

$$i_{soll} = 3,125$$

$$i_{tats} = \frac{z_2}{z_1}$$

$$\Delta i = \frac{i_{tats} - i_{soll}}{i_{soll}} - 100\%$$ (SB. 6, Formel 4.7)

$$(x_1 + x_2) \approx \frac{a - a_d}{m_n}$$ (SB. 6, Formel 2.10)

| Nr. | $z_1$ | $z_2$ | a | $a_d$ | $(x_1+x_2)$ | $i_{tats}$ | $\Delta i$ | Bewertung |
|---|---|---|---|---|---|---|---|---|
| 1 | 29 | 90 | 160 | 178,5 | -6,2 | | | $(x_1+x_2)$ zu klein |
| 2 | 29 | 90 | 180 | 178,5 | 0,5 | 3,1 | -0,8 | OK |
| 3 | 29 | 91 | 180 | 180 | 0 | 3,138 | 0,416 | OK, Nullgetriebe |
| 4 | 29 | 92 | 180 | 181,5 | -0,5 | 3,172 | 1,504 | OK |

Ich habe Nummer 3 gewählt mit $z_1$ = 29 und $z_2$ = 91 Zähne, da bei dieser Zähne Konstellation der Wert $(x_1+x_2)$ sowie $\Delta i$ mit 0,416 im erlaubten Bereich liegt. Es liegt auch kein gemeinsamer Teiler ≥5 vor. Da es sich hierbei um ein Nullgetriebe handelt, ist keine Berechnung der Profilverschiebung der Zahnräder notwendig.

## 3.3 Entwurfsberechnung für die Gestaltung der Wälzlager

Für die Dimensionierung der Wälzlager muss als erstes die auftretenden Radial- und Tangentialkräfte berechnet werden.

**Berechnung der Tangentialkräfte** aus dem Drehmoment $M_t$

$$F_t = \frac{2 \times M_t}{d} \qquad\qquad \text{(SB. 6, Formel 3.1)}$$

Berechnung der Durchmesser $d_1$ und $d_2$

$$d_1 = m_t \times z_1 = 3 \times 29 = 87 \qquad\qquad \text{(SB. 6, Formel 4.3)}$$

$$d_2 = m_t \times z_2 = 3 \times 91 = 273$$

Daraus ergeben sich für $F_{t1}$ und $F_{t2}$ folgende Werte

$$F_{t1} = \frac{2 \times M_t}{d_1} = \frac{2 \times 159160 Nmm}{87mm} = 3659N$$

$$F_{t2} = \frac{2 \times M_t}{d_2} = \frac{2 \times 497390 Nmm}{273mm} = 3645N$$

Beide Tangentialkräfte sollten theoretisch identisch sein. Durch die Berechnung mit dem Drehmoment einer idealen Übersetzung kommt aber die errechnete Differenz zu Stande. Da sich $F_{t1}$ auf die Antriebswelle bezieht und diese die Kraft auf die Abtriebswelle weiter gibt, werde ich im weiteren Verlauf die Radialkräfte nur mit $F_{t1}$ berechnen.

**Berechnung Radialkräfte** für Gradstirnräder

$$F_{r1} = F_{r2} = F_{t1} \times \tan \propto$$

$$F_{r1} = F_{r2} = 3659N \times \tan 20° = 1332N$$

Laut Aufgabenstellung sitzen die Zahnräder nach etwa dem ersten Drittel des Abstandes beider Lager zueinander. Dadurch verteilen sich auch die Radialkräfte zu 1/3 auf das erste Lager und zu 2/3 auf das zweite Lager.

An der Antriebswelle ergibt sich somit eine Radialbelastung von

$$F_{r1l} = \frac{2}{3} \times F_{t1} = \frac{2}{3} \times 1332N = 888N$$

$$F_{r1r} = \frac{1}{3} \times F_{t1} = \frac{1}{3} \times 1332N = 444N$$

An der Abtriebswelle beträgt die Radialbelastung

$$F_{r2l} = \frac{2}{3} \times F_{t1} = \frac{2}{3} \times 1332N = 888N$$

$$F_{r2r} = \frac{1}{3} \times F_{t1} = \frac{1}{3} \times 1332N = 444N$$

**Auswahl der Wälzlager**

Lagerberechnung Antriebswelle

Der Wälzlagerdurchmesser soll laut Aufgabenstellungen 3...10mm kleiner sein, als der benachbarte Wellenabschnitt. Der Wellenabschnitt, auf dem das Zahnrad montiert wird, hat einen Durchmesser von 55mm. Der nächstkleinere Innendurchmesser vom Lager beträgt 50mm (Arbeitsblatt 2.7.1 Studienbrief 9).

Für die Antriebswelle werden zwei Rillenkugellager 6010 gewählt, welche folgende Tragzahlen aufweisen:

$$C = 20{,}8kN$$

$$C_0 = 15{,}6kN$$

Loslager

$$C_{erf} = \sqrt[p]{\frac{L_{10h} \times 60 \times n_E}{10^6}} \times F_{r1l} \qquad \text{(SB. 5, Formel 1.4a)}$$

Lebensdauerexponent $p = 3$ bei Kugellagern.      (SB 5, Seite 23)

$$C_{erf} = \sqrt[3]{\frac{10000h \times 60 \times 1500U/min}{10^6}} \times 888N = 8574N$$

$C > C_{erf}$ ist erfüllt, somit ist das Lager für den Anwendungsfall geeignet und die nominelle Lebensdauer beträgt (Loslager = P = F$_r$)

$$L_{10h} = \frac{10^6}{60 \times n_E} \times \left(\frac{C}{P}\right)^p = \frac{10^6}{60 \times 1500 U/min} \times \left(\frac{20,8kN}{888N}\right)^3 = 142794h$$

Festlager

Ob das gewählte Lager auch als Festlager verwendet werden kann, zeigen die folgenden Rechnungen der Lebensdauer unter Berücksichtigung der Äquivalentlast P, welche sich aus der Radial- und Axialkraft zusammensetzt.

Radialfaktor X und Axialfaktor Y hängen ab vom Kräfteverhältnis

$$F_a/F_r = 900N/444N = 2,027.$$

Der Axialkräfteanteil muss Berücksichtigt werden, wenn der Grenzlastwert $e = f(F_a/C_0) < F_a/C_0$ ist. Mit $F_a/C_0 = 900N/15600N = 0,0577$ erhält man aus der Zuordnungstabelle im Arbeitsblatt 2.7.1(Studienbrief 9) durch lineare Interpolation

$$y = y_1 + \frac{y_2 - y_1}{x_2 - x_1} \times (x - x_1) = 0,26 + \frac{0,28 - 0,26}{0,084 - 0,056} \times (0,0577 - 0,056)$$

den Grenzlastwert $e \approx 0,2612$ und für diesen Wert die Faktoren $X = 0,56$ und $Y = 1,70985$ (wiederum durch Interpolation).

Die Äquivalentlast ist nach der Formel 1.8 im Studienbrief 5

$$P = X \times F_r + Y \times F_a = 0,56 \times 444N + 1,70985 \times 900N = 1787,5N$$

Das bedeutet, dass die vorliegende kombinierte Belastung die gleiche Schädigungswirkung hervorruft wie eine reine radiale Belastung von 1787,5N. Die rechnerische Lebensdauer wird somit

$$L_{10h} = \frac{10^6}{60 \times n_E} \times \left(\frac{C}{P}\right)^p = \frac{10^6}{60 \times 1500 U/min} \times \left(\frac{20,8kN}{1787,5}\right)^3 = 17507h$$

Mit einer 90%igen Wahrscheinlichkeit wird das Lager also etwa 17507 Betriebsstunden erreichen.

<u>Lagerberechnung Abtriebswelle</u>

Der Wälzlagerdurchmesser soll laut Aufgabenstellungen 3...10mm kleiner sein, als der benachbarte Wellenabschnitt. Der Wellenabschnitt, auf dem das Zahnrad montiert wird, hat einen Durchmesser von 75mm. Der nächstkleinere Innendurchmesser vom Lager beträgt 70mm (Arbeitsblatt 2.7.1 Studienbrief 9).

Die Drehzahl der Abtriebswelle berechnet sich über der im Abschnitt 1.2 berechneten Anzahl der Zähne

$$n_2 = \frac{n_1 \times z_1}{z_2} = \frac{1500 \, U/min \times 29}{91} \approx 478 \, U/min$$

Für die Abtriebswelle werden zwei Rillenkugellager 6014 gewählt, welche folgende Tragzahlen aufweisen:

$$C = 39kN$$

$$C_0 = 31,5kN$$

**Loslager**

$$C_{erf} = \sqrt[p]{\frac{L_{10h} \times 60 \times n_E}{10^6}} \times F_{r1l} \qquad \text{(SB. 5, Formel 1.4a)}$$

Lebensdauerexponent $p = 3$ bei Kugellagern. \qquad (SB 5, Seite 23)

$$C_{erf} = \sqrt[3]{\frac{10000h \times 60 \times 478U/min}{10^6}} \times 888N = 5856,1N$$

$C > C_{erf}$ ist erfüllt, somit ist das Lager für den Anwendungsfall geeignet und die nominelle Lebensdauer beträgt (Loslager = P = F$_r$)

$$L_{10h} = \frac{10^6}{60 \times n_E} \times \left(\frac{C}{P}\right)^p = \frac{10^6}{60 \times 478U/min} \times \left(\frac{39kN}{888N}\right)^3 = 2953764h$$

**Festlager**

Wieder wird die Lebensdauer unter Berücksichtigung der Äquivalentlast P, welche sich aus der Radial- und Axialkraft zusammensetzt ermittelt.

Radialfaktor X und Axialfaktor Y hängen ab vom Kräfteverhältnis

$$F_a/F_r = 900N/444N = 2{,}027.$$

Der Axialkräfteanteil muss Berücksichtigt werden, wenn der Grenzlastwert $e = f(F_a/C_0) < F_a/C_0$ ist. Mit $F_a/C_0 = 900N/31500N = 0{,}0286$ erhält man aus der Zuordnungstabelle im Arbeitsblatt 2.7.1(Studienbrief 9) durch lineare Interpolation den Grenzlastwert $e \approx 0{,}281$ und für diesen Wert die Faktoren $X = 0{,}56$ und $Y = 1{,}545$ (wiederum durch Interpolation).

Die Äquivalentlast ist nach der Formel 1.8 im Studienbrief 5

$$P = X \times F_r + Y \times F_a = 0{,}56 \times 444N + 1{,}545 \times 900N = 1639N$$

Das bedeutet, dass die vorliegende kombinierte Belastung die gleiche Schädigungswirkung hervorruft wie eine reine radiale Belastung von 1639N. Die rechnerische Lebensdauer wird somit

$$L_{10h} = \frac{10^6}{60 \times n_E} \times \left(\frac{C}{P}\right)^p = \frac{10^6}{60 \times 478U/min} \times \left(\frac{39kN}{1639N}\right)^3 = 466762h$$

Mit einer 90%igen Wahrscheinlichkeit wird das Lager also etwa 466762 Betriebsstunden erreichen.

## 3.4 Entwurfsberechnung für die Gestaltung der Passfedern

### 3.4.1 Antriebswelle

Antriebszapfen

Die Sicherheit wird mit dem Faktor 1,5 angenommen. Dieser entspricht dem Orientierungswert von Tabelle 2.1 im Studienbrief 5 für dynamische Belastung gegenüber Dauerbruch mit Berücksichtigung der Kerbwirkung.

Aus der Formel 2.1 Studienbrief 4 ergibt sich für die theoretische Mindestlänge der Passfeder die Formel

$$l_{tr} \geq \frac{2 \times c_B \times M_t \times S}{p_{ertr} \times (h - t_1) \times d}$$

Für den gewählten Wellendurchmesser d = 40 mm ist aus dem Arbeitsblatt 2.6.1 Studienbrief 9 ergibt sich der Passfederquerschnitt $b \times h = (12 \times 8)mm$ mit $t_1 = 5mm$.

Laut Aufgabenstellung ist $p_{ertr} = p_{zul} = 90\,N/mm^2$

Die Werte eingesetzt, ergeben eine tragende Länge von mindestens

$$l_{tr} \geq \frac{2 \times 159160Nmm \times 1,5}{90\,N/mm^2 \times (8-5)mm \times 40mm} = 44,16mm$$

Die Berechnung ist nur zulässig, wenn $l_{tr} \leq 1,3 \times d$ ist. Diese Bedienung wird erfüllt $l_{tr} \leq 1,3 \times 40 \leq 52mm$.

Die Passfederlänge berechnet sich $l_1 \geq l_{tr} + b \geq 44,16 + 12 \geq 56,16mm$

Für die Passfeder des Antriebszapfen wird die DIN 6885 – A-12x8x63 aus SB 9, Tabelle 2.6.1 gewählt.

Zahnrad

Für den gewählten Wellendurchmesser d = 55 mm ist aus dem Arbeitsblatt 2.6.1 Studienbrief 9 ergibt sich der Passfederquerschnitt $b \times h = (16 \times 10)mm$ mit $t_1 = 6mm$.

Laut Aufgabenstellung ist $p_{ertr} = p_{zul} = 90\,N/mm^2$

Die Werte eingesetzt, ergeben eine tragende Länge von mindestens

$$l_{tr} \geq \frac{2 \times 159160Nmm \times 1,5}{90N/mm^2 \times (10-6)mm \times 55mm} = 24,12mm$$

Die Berechnung ist nur zulässig, wenn $l_{tr} \leq 1,3 \times d$ ist. Diese Bedienung wird erfüllt $l_{tr} \leq 1,3 \times 55 \leq 71,5mm$.

Die Passfederlänge berechnet sich $l_2 \geq l_{tr} + b \geq 24,12 + 16 \geq 40,12mm$

Für die Passfeder des Antriebszapfen wird die DIN 6885 – A-16x10x45 aus SB 9, Tabelle 2.6.1 gewählt.

### 3.4.2 Abtriebswelle

<u>Abtriebszapfen</u>

Für den gewählten Wellendurchmesser d = 60 mm ist aus dem Arbeitsblatt 2.6.1 Studienbrief 9 ergibt sich der Passfederquerschnitt $b \times h = (18 \times 11)mm$ mit $t_1 = 7mm$.

Laut Aufgabenstellung ist $p_{ertr} = p_{zul} = 90 \, N/mm^2$

Die Werte eingesetzt, ergeben eine tragende Länge von mindestens

$$l_{tr} \geq \frac{2 \times 497400 Nmm \times 1,5}{90 \, N/mm^2 \times (11-7)mm \times 60mm} = 69,1mm$$

Die Berechnung ist nur zulässig, wenn $l_{tr} \leq 1,3 \times d$ ist. Diese Bedienung wird erfüllt $l_{tr} \leq 1,3 \times 60 \leq 78mm$.

Die Passfederlänge berechnet sich $l_3 \geq l_{tr} + b \geq 69,1 + 18 \geq 87,1mm$

Für die Passfeder des Antriebszapfen wird die DIN 6885 – A-18x11x90 aus SB 9, Tabelle 2.6.1 gewählt.

<u>Zahnrad</u>

Für den gewählten Wellendurchmesser d = 75 mm ist aus dem Arbeitsblatt 2.6.1 Studienbrief 9 ergibt sich der Passfederquerschnitt $b \times h = (20 \times 12)mm$ mit $t_1 = 7,5mm$.

Laut Aufgabenstellung ist $p_{ertr} = p_{zul} = 90 \, N/mm^2$

Die Werte eingesetzt, ergeben eine tragende Länge von mindestens

$$l_{tr} \geq \frac{2 \times 497400 Nmm \times 1,5}{90 \, N/mm^2 \times (12-7,5)mm \times 75mm} = 49,13mm$$

Die Berechnung ist nur zulässig, wenn $l_{tr} \leq 1,3 \times d$ ist. Diese Bedienung wird erfüllt $l_{tr} \leq 1,3 \times 75 \leq 97,5mm$.

Die Passfederlänge berechnet sich $l_4 \geq l_{tr} + b \geq 49,13 + 20 \geq 69,13mm$

Für die Passfeder des Antriebszapfen wird die DIN 6885 – A-20x12x70 aus SB 9, Tabelle 2.6.1 gewählt.

## 4. Detailberechnung der Zahnräder

Da es sich bei dem zu berechnenden Getriebe um ein Null-Getriebe handelt, ergeben sich folgende Berechnungsgleichungen aus der Anlage 1 Studienbrief 6.

**Teilkreisdurchmesser** $d = m \times z$

$d_1 = m \times z_1 = 3 \times 29 = 87mm$

$d_2 = m \times z_2 = 3 \times 91 = 273mm$

**Kopfkreisdurchmesser** $d_a = d + 2 \times m$

$d_{a1} = d_1 + 2 \times m = 87mm + 2 \times 3 = 93mm$

$d_{a2} = d_2 + 2 \times m = 273mm + 2 \times 3 = 279mm$

**Fußkreisdurchmesser** $d_f = d - 2,5 \times m$

$d_{f1} = d_1 - 2,5 \times m = 87mm - 2,5 \times 3 = 79,5mm$

$d_{f2} = d_2 - 2,5 \times m = 273mm - 2,5 \times 3 = 265,5mm$

**Wälzkreisdurchmesser** $d_w = d$

$d_{w1} = 87mm$

$d_{w2} = 273mm$

**Zahnradbreit**

Aus der Aufgabenstellung wird für die Zahnradbreite die Formel $b \approx (0,5 \ldots 0,6) \times d_1$ angegeben.

Daraus ergibt sich eine Breite von $b = 43,5 \ldots 52,2mm$. Gewählt wurde für das Aufsteckritzel der Antriebswelle eine Breite von 50mm und für das Rad der Abtriebswelle eine Breite von 45mm, um ein Tragen über die volle Zahnbreite zu gewährleisten und enge Längentoleranzen zu vermeiden.

**Zahnradnabenbreit**

Laut Aufgabe ist gefordert, dass die Zahnradbreite mindestens der Passfederlänge + (2-5mm) entspricht.

$$b_{nabe1} = l_2 + 5mm = 45mm + 5mm = 50mm$$

$$b_{nabe2} = l_4 + 5mm = 70mm + 5mm = 75mm$$

# 5. Berechnung der Belastungen an der Antriebswelle

## 5.1 Dauerfestigkeit

Die Dauerfestigkeit wird für den am meisten belasteten Wellenabschnitt berechnet. Die erforderlichen Sicherheiten $S_{Derf}$ und $S_{Ferf}$ werden mit 2 angenommen. Das maximale Biegemoment tritt zwischen den Lagern an der Stelle auf, an der die Kraft $F_{res}$ eingeleitet wird (Nabenmitte des Zahnrades):

$$F_{res} = \sqrt{F_r^2 + F_t^2} = \sqrt{1333N^2 + 3659N^2} = 3894N$$

Bei Umlaufbiegung mit einem Spannungsverhältnis $\kappa = -1$ ist der Biegemomentenausschlag $M_{ba}$ gleich dem maximalen Biegemoment $M_b$. Für die Berechnung vom $M_b$ wird ein Lagerabstand von 150 mm angenommen.

$$M_b = M_{ba} = F_{res} \times \frac{a \times b}{l_{Lager}} = 3894N \times \frac{\frac{1}{3} \times 0,15m \times \frac{2}{3} \times 0,15m}{0,15m} = 129,8Nm$$

Der Biegespannungsausschlag ergibt sich für den Durchmesser $d = 50mm$ zu

$$\sigma_{ba} = \frac{c_B \times M_{ba}}{W_b} = \frac{32 \times c_B \times M_{ba}}{\pi \times d^3} = \frac{32 \times 1,25 \times 129800Nmm}{\pi \times (50mm)^3} = 13,22 \frac{N}{mm^2}$$

Da der Wert $M_t$ mit dem Betriebsfaktor $c_B$ berechnet wurde, kann $c_B$ in der Formel entfallen.

$$\tau_t = \frac{c_B \times M_t}{W_t} = \frac{M_t}{W_t} = \frac{16 \times M_t}{\pi \times d^3} = \frac{16 \times 159160Nmm}{\pi \times (50mm)^3} = 6,47 \frac{N}{mm^2}$$

Laut Aufgabenstellung wirkt eine schwellende Belastung, das hat zur Folge, dass der Momentenausschlag $M_{ta} = M_t/2$ ist und somit $\tau_{ta} = 3,24 \frac{N}{mm^2}$ wird.

Die dauerhaft ertragbaren Spannungsausschläge werden aus den Wechselfestigkeiten der gekerbten Bauteile nach Formel 1.14 Studienbrief 4 ermittelt

$$\sigma_{bWK} = \frac{\sigma_{bW}(d_B) \times K_1(d_{eff})}{K_\sigma}$$

Nach Arbeitsblatt 2.1.6 Studienbrief 9 ist für Baustahl und $d_{eff}$ = 55mm der technologische Größeneinflussfaktor $K_1$ = 1.

Die in den Gesamteinflussfaktor $K_\sigma$ eingehenden Größen sind:

- Die Kerbwirkungszahl $\beta_\sigma$, die für einen Wellenabsatz aus Arbeitsblatt 2.1.8 ermittelt wird:

  Die Kerbwirkungszahl für Biegung bei dem Durchmesserverhältnis $D/d = 2$ für $R/d = 0,8/50 = 0,016$ und $R_m = 470\,N/mm^2$ ist $\beta_{\sigma(2,0)} \approx 2,1$. Für das vorliegende Durchmesserverhältnis $D/d = 55/50 = 1,1$ wird mit dem Umrechnungsfaktor $c_\sigma \approx 0,25$ die wirksame Kerbwirkungszahl $\beta_\sigma$ ermittelt.

$$\beta_\sigma = 1 + c_\sigma \times \left(\beta_{\sigma(2,0)} - 1\right) = 1 + 0,25 \times (2,1 - 1) = 1,275$$

- Der Größeneinflussfaktor K2 für Biegung und Durchmesser d = 60mm nach Arbeitsblatt 2.1.6 ist $K_2 \approx 0,875$.

- Der Einflussfaktor der Oberflächenrauheit nach Arbeitsblatt 2.1.7 für $K_1 \times R_m = 1 \times 470\,N/mm^2$ und $R_z = 6,3\mu m$ ist $K_{F\sigma} \approx 0,93$.

- Der Einflussfaktor der Oberflächenverfestigung wird im Allgemeinen Kv = 1 gesetzt.

Der Gesamteinflussfaktor ist somit nach Formel 1.12 Studienbrief 4

$$K_\sigma = \left(\frac{\beta_\sigma}{K_2(d)} + \frac{1}{K_{F\sigma}} - 1\right) \times \frac{1}{K_V} = \left(\frac{1,278}{0,875} + \frac{1}{0,93} - 1\right) \times \frac{1}{1} = 1,53$$

Für die Torsion wird vereinfachend der gleiche Wert angenommen.

$$K_\tau \approx K_\sigma \approx 1,53$$

Mit der Mindestzugfestigkeit Rm zu $\sigma_{bW} \approx 0,5 \times R_m$ und der Torsionswechselfestigkeit zu $\tau_{tW} \approx 0,3 \times R_m$ ergeben sich daraus die dauerhaft ertragbaren Spannungsausschläge

$$\sigma_{bADK} \equiv \sigma_{bWK} = \frac{0,5 \times R_m}{K_\sigma} = \frac{0,5 \times 470\,N/mm^2}{1,53} = 153,6\,N/mm^2$$

$$\tau_{tADK} \equiv \tau_{tWK} = \frac{0,3 \times R_m}{K_\tau} = \frac{0,3 \times 470\,N/mm^2}{1,53} = 92,2\,N/mm^2$$

Somit ist die Sicherheit gegenüber Dauerbruch nach Formel 1.21 Studienbrief 4

$$S_F = \frac{1}{\sqrt{\left(\frac{\sigma_{ba}}{\sigma_{bADK}}\right)^2 + \left(\frac{\tau_{ta}}{\tau_{tADK}}\right)^2}} \geq S_{Derf}$$

$$S_D = \cfrac{1}{\sqrt{\left(\cfrac{13,22}{153,6}\right)^2 + \left(\cfrac{3,24}{92,2}\right)^2}} = 10,8$$

$S_D > S_{Derf}$ erfüllt.

## 5.2 Sicherheit gegen bleibende Verformung

Die Sicherheit gegenüber bleibender Verformung, Anriss und Gewaltbruch wird durch die Formel 1.18 Studienbrief 4 berechnet.

$$S_F = \cfrac{1}{\sqrt{\left(\cfrac{\sigma_{bmax}}{\sigma_{bFK}}\right)^2 + \left(\cfrac{\tau_{tmax}}{\tau_{tFK}}\right)^2}} \geq S_{Ferf}$$

Die Bauteilfließgrenzen ergeben sich aus den Formeln 1.19 und 1.20 im Studienbrief 4, mit den technologischen Größeneinflussfaktoren:

- Fließgrenze nach Arbeitsblatt 2.1.6 Studienbrief 9 $K_1(D = 55) = 0,93$
- Für Laut Arbeitsblatt 2.1.5 im Studienbrief 9 ist für Biegung und Torsion $K_{2F} = 1,2$
- Die Fließgrenzenerhöhung ($\gamma_F = 1$) ist zu vernachlässigen

$$\sigma_{bFK} = K_1(d_{eff}) \times K_{2F} \times \gamma_F \times \sigma_S(d_B)$$

$$\sigma_{bFK} = 0,93 \times 1,2 \times 1 \times 285\,N/mm^2 = 318,1\,N/mm^2$$

$$\tau_{tFK} = K_1(d_{eff}) \times K_{2F} \times \sigma_S(d_B)/\sqrt{3}$$

$$\tau_{tFK} = 0,93 \times 1,2 \times 285\,N/mm^2 /\sqrt{3} = 183,6\,N/mm^2$$

Aus den errechneten Werten ergibt sich eine Sicherheit gegen bleibende Verformung, Anriss und Gewaltbruch

$$S_F = \cfrac{1}{\sqrt{\left(\cfrac{13,22}{318,1}\right)^2 + \left(\cfrac{3,24}{183,6}\right)^2}} = 22,1$$

$S_F > S_{Ferf}$ erfüllt.

## 5.3 Maximale Durchbiegung

Mit dem Elastizitätsmodul von Stahl $E = 210000\,N/mm^2$ und dem Trägheitsmoment bei Biegung für Kreisquerschnitte

$$I = \frac{\pi \times d^4}{64} = \frac{\pi \times 50^4}{64} = 306796{,}2\,mm^4$$

ergibt sich nach Arbeitsblatt 2.1.3 im Studienbrief 9 eine maximale Durchbiegung für Belastungsfall Nr.4 und einer Länge von $l = 150mm$ von

$$f_{max} = \frac{F_{res}}{9 \times E \times I} \times \frac{a^2 \times b}{l} \times (l + b) \times \sqrt{\frac{l + b}{3 \times a}}$$

$$f_{max} = \frac{3894N}{9 \times 210000 \times 306796{,}2} \times \frac{100^2 \times 50}{150} \times (150 + 50) \times \sqrt{\frac{150 + 50}{3 \times 100}}$$

$$f_{max} = 0{,}00366mm$$

Die zulässige Durchbiegung im allgemeinen Maschinenbau ist laut Arbeitsblatt 2.5.2 $f_{zul} = l/3000 = 150/3000 = 0{,}05mm$.

Da $f_{max} < f_{zul}$ ist diese Bedienung erfüllt und die Dimensionierung der Welle ist korrekt.

## 5.4 Lagerneigung

Die Lagerneigung berechnet sich über die Formel

$$\tan \alpha_A = \frac{F_{res}}{6 \times E \times I} \times \frac{a \times b}{l} \times (b + l)$$

$$\tan \alpha_A = \frac{3894N}{6 \times 210000 \times 306796{,}2} \times \frac{100 \times 50}{150} \times (50 + 150) = 6{,}716 \times 10^{-5}$$

$$\tan \alpha_B = \frac{F_{res}}{6 \times E \times I} \times \frac{a \times b}{l} \times (a + l)$$

$$\tan \alpha_B = \frac{3894N}{6 \times 210000 \times 306796{,}2} \times \frac{100 \times 50}{150} \times (100 + 150) = 8{,}4 \times 10^{-5}$$

Die zulässige Lagerneigung für starre Wälzlager ist nach Arbeitsblatt 2.5.2

$$\tan \alpha_{zul} = 10 \times 10^{-4}$$

Da $\tan \alpha_{zul} > \tan \alpha_A$ $und$ $\tan \alpha_B$ ist diese Bedienung erfüllt und die Dimensionierung der Welle ist korrekt.

# 6. Zeichnung Antriebsbaugruppe

In der Anlage befindlich.

# 7. Stückliste Antriebsbaugruppe

In der Anlage befindlich.

# 8. Zeichnung Antriebswelle

In der Anlage befindlich.

# 9. Konstruktionsbeschreibung

Anhand der vorgegebenen Werte aus der Aufgabenstellung für die Versions-Nummer 0, konnte ich im ersten Schritt das Drehmoment und den zur Übertragung dieses Drehmoments erforderlichen Durchmesser berechnet. Für die Antriebswelle wurde der Ø40mm und für die Abtriebswelle der Ø60mm gewählt.

Anhand der vorliegenden Informationen aus der Aufgabenstellung und der „Empfohlene Vorgehensweise", habe ich eine Handskizze für die Ermittlung der restlichen Wellendurchmesser angefertigt. Durch diese Vorüberlegung wurde mir schnell klar, wie die Welle aussehen soll.

Zwischen den einzelnen Wellenabschnitten habe ich eine Durchmesseränderung von 5mm gewählt, da es für die Radialwellendichtung Ø45mm und dem Wälzlager Ø50mm Katalogteile nach DIN gibt und diese günstiger als Sonderanfertigungen für Sondermaße sind.

Nach der Berechnung des Moduls, konnte ich den Mindestfußkreis-durchmesser, die Anzahl der Zähne der einzelnen Zahnräder und den genormten Achsabstand ermitteln. Es stellt sich heraus, dass bei der Paarung der Zähnezahlen ein Null-Getriebe heraus kam. Durch das Entstehen eines Null-Getriebe konnte ich auf die Berechnung der Profilverschiebung verzichten.

Für die Lagerung der Welle habe ich mich für Wälzlager entschieden, da diese sowohl Radial- als auch Axialkräfte aufnehmen können. Das Lager mit den größten Radialkräften wurde als Loslager definiert. Es war zu prüfen, ob die gewählten Wälzlager eine Lebensdauer von mindestens 10.000 Stunden erreichen würden. Dies konnte für die Antriebs- und Abtriebswelle bestätigt werden.

Im nächsten Schritt wurden die benötigten Passfedern zur Übertragung des Drehmoments und unter Berücksichtigung der zulässigen Flächenpressung für die Antriebs- und Abtriebswelle ermittelt.

Für die konstruktive Gestaltung der Zahnräder war noch eine Detailberechnung nötig. Diese beinhaltete den Teilkreis-, Kopfkreis-, Fußkreis- und Wälzkreisdurchmesser der Zahnräder. Außerdem wurde die notwendige Zahnrad- und Zahnradnabenbreite ermittelt. Durch die errechneten Passfederlängen zur Übertragung des Drehmoments, ergab sich beim Zahnrad der Abtriebswelle eine größere Zahnradnabenbreite als Zahnradbreite.

Für eine einfachere Montage der Wälzlager und des Zahnrads, wurde eine Fase von 1x45° an den Wellendurchmessern angebracht. Außerdem ist darauf zu achten, dass sowohl die Lagerdurchmesser als auch der Wellenabschnitt auf dem das Zahnrad aufgeschoben wird mit einen Radius von 0,8mm auslaufen. Damit wird sichergestellt, dass die Lager und das Zahnrad bei der Montage direkt an der Wellenschulter anliegen. Die Wälzlager werden mit einem Sicherungsring axial gesichert. Das Zahnrad wird mit einer Distanzbuchse, welche am Innenring des Wälzlagers anliegt, gesichert.

Da es aus der Aufgabenstellung keine Vorgabe zur verwendeten Kupplung gab, wurde der Wellenabschnitt für die Kupplungen mit einem Freistich versehen, um die Montage der Kupplung garantieren zu können.

Bei der konstruktiven Gestaltung der Radialwellendichtringe ist darauf zu achten, dass die Fläche drallfrei geschliffen und mit einer 1x15° Fase versehen ist. Zusätzlich habe ich einen Radius von 10mm gewählt, damit der Übergang von der Fase zum Wellendurchmesser abgerundet ist und somit keine Beschädigungsgefahr für den Wellendichtring ausgeht. Auch für diesen Wellenabschnitt wurde ein Freistich gewählt.

Nachdem alle Maschinenelemente entworfen waren, wurden noch Nachrechnungen der Dauerfestigkeit, Durchbiegung und Lagerneigung angestellt. Auch diese Nachrechnungen haben die geforderte Sicherheit übertroffen.

# 10. Literaturnachweis

Gläser, H. (3. Auflage 2009): Konstruktion Studienbrief 5: Maschinenelemente III – Lager und Dichtungen

Gläser, H. (5.Auflage 2013): Konstruktion Studienbrief 4: Maschinenelemente II – Achsen und Wellen, Welle-Nabe-Verbindungen, Kupplungen

Gläser, H. (5. Auflage 2013): Konstruktion Studienbrief 6: Maschinenelemente IV – Zahnräder und Zahnradgetriebe

Hase, W. (7. Auflage 2006): Konstruktion Studienbrief 9: Arbeitsblätter I

# 11. Anlage

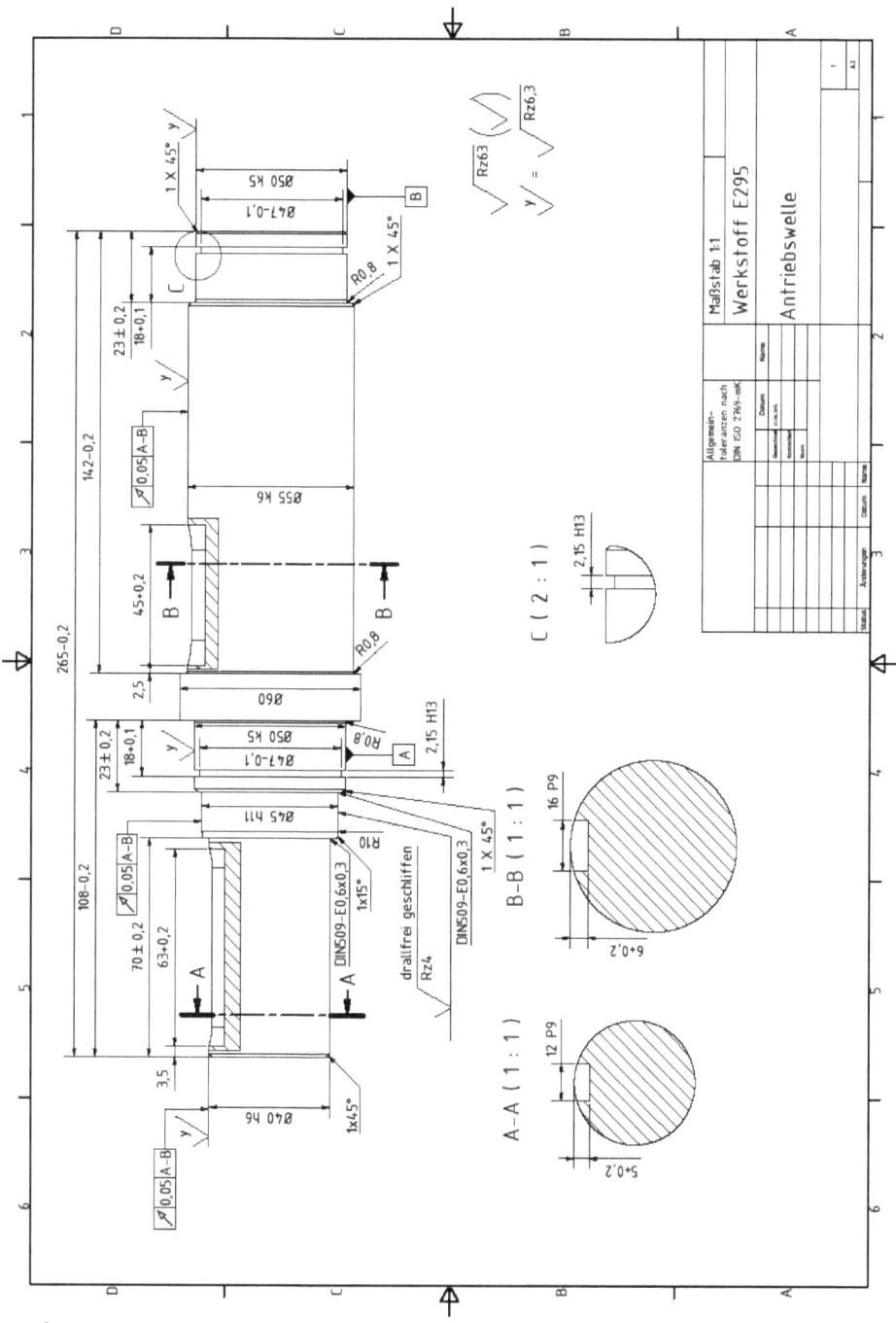

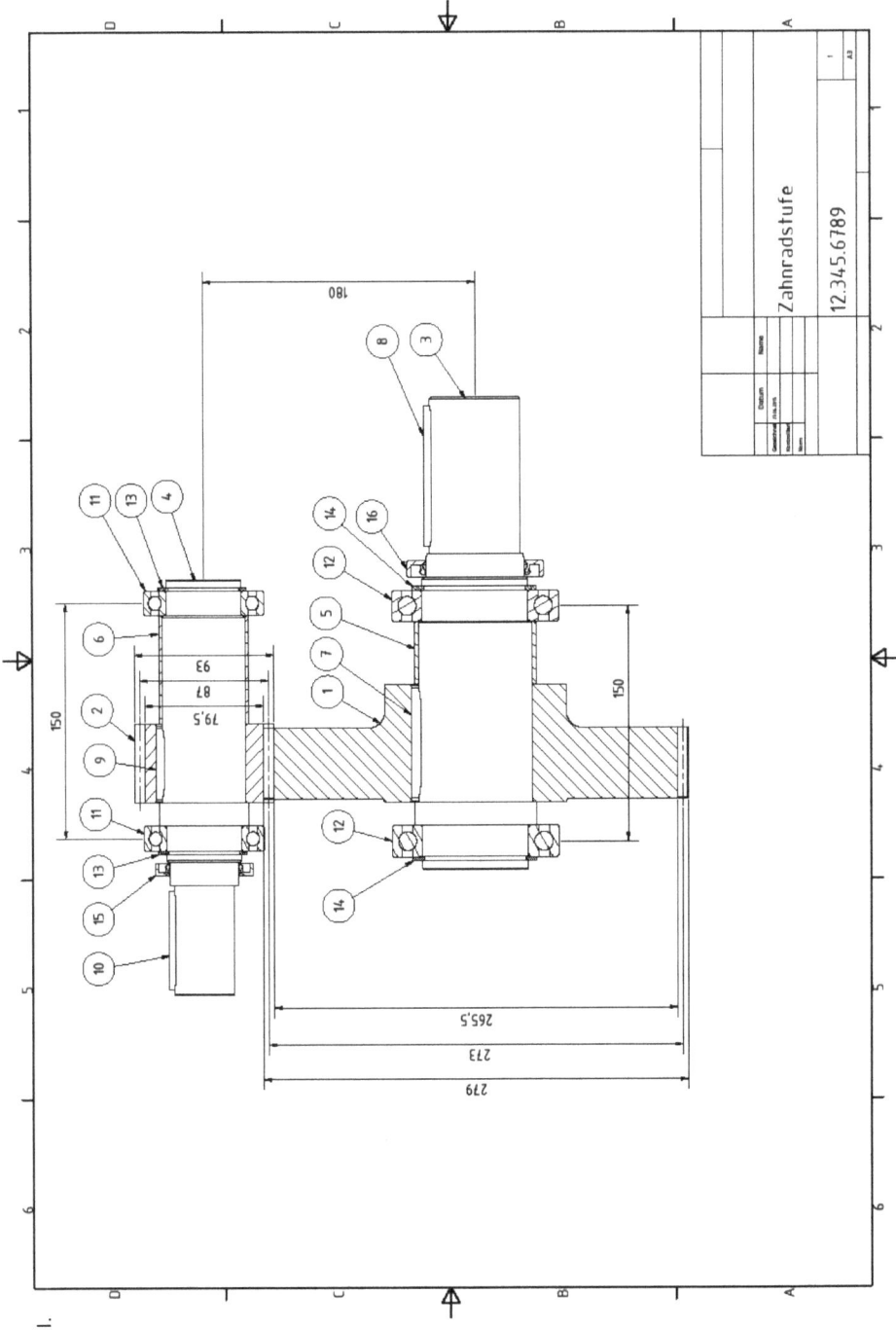

Zahnradstufe

12.345.6789

III.

TEILELISTE

| OBJEKT | ANZAHL | BESCHREIBUNG | NORM | BEMERKUNG |
|---|---|---|---|---|
| 1 | 1 | Zahnrad Abtriebswelle | | Einsatzstahl 58-60HRC, z=91, m=3 |
| 2 | 1 | Zahnrad Antriebswelle | | Einsatzstahl 58-60HRC, z=29, m=3 |
| 3 | 1 | Abtriebswelle | | E295 (1.0050) |
| 4 | 1 | Antriebswelle | | E295 (1.0050) |
| 5 | 1 | Distanzhülse | | 75x80x40 |
| 6 | 1 | Distanzhülse | | 55x60x69 |
| 7 | 1 | Passfeder | DIN 6885 - A20x12x70 | |
| 8 | 1 | Passfeder | DIN 6885 - A18x11x90 | |
| 9 | 1 | Passfeder | DIN 6885 - A16x10x45 | |
| 10 | 1 | Passfeder | DIN 6885 - A12x8x63 | |
| 11 | 2 | Kugellager, einreihig | DIN 625 FAG - FAG 6010 | |
| 12 | 2 | Kugellager, einreihig | DIN 625 FAG - FAG 6014 | |
| 13 | 2 | Sicherungsringe für Wellen | DIN 471 - 50x2 | |
| 14 | 2 | Sicherungsringe für Wellen | DIN 471 - 70x2,5 | |
| 15 | 1 | Wellendichtring | RWDR DIN 3760 - AS45 x 65 x 8 - NBR | |
| 16 | 1 | Wellendichtring | RWDR DIN 3760 - AS65 x 90 x 10 - NBR | |

Zahnradstufe

Stückliste

Gezeichnet   Datum   Name
Kontrolliert
Norm
A3

# BEI GRIN MACHT SICH IHR WISSEN BEZAHLT

- Wir veröffentlichen Ihre Hausarbeit,
  Bachelor- und Masterarbeit

- Ihr eigenes eBook und Buch -
  weltweit in allen wichtigen Shops

- Verdienen Sie an jedem Verkauf

Jetzt bei www.GRIN.com hochladen
und kostenlos publizieren